DIESTERWEGS NEUSPRACHLICHE BIBLIOTHEK

– Ma première lecture en français –

Brigitte vient à Paris

par Diethard Lübke

VERLAG MORITZ DIESTERWEG

Frankfurt am Main · Berlin · München

Brigitte vient à Paris

ISBN 3-425-04921-6

Fotos: D. Lübke, Meppen
Satz: Fotosatz Otto Gutfreund, Darmstadt
Druck und Bindung: Wiesbadener Graphische Betriebe GmbH, Wiesbaden

Correspondance amicale

Strasbourg, le 5 octobre

Cher François.

Je te souhaite[1] un bon anniversaire[2].

Je me rappelle[3] avec plaisir les bons moments passés ensemble à la plage.

Je vais bientôt rendre visite à ma tante qui habite Paris, et j'espère te revoir à cette occasion.[4]

Brigitte

[1] ich wünsche dir [2] Geburtstag [3] ich erinnere mich [4] Gelegenheit

Paris, le 10 octobre

Chère Brigitte.

C'est avec plaisir que j'ai reçu[5] ta lettre. J'ai été très sensible à tes bons voeux,[6] et je suis très heureux à la pensée[7] de te faire visiter Paris, pendant ton séjour[8] chez ta tante.

À bientôt. François

Quand François a écrit la lettre, son père entre dans la chambre.

M. Martin:	Ah, je vois que tu écris une lettre. *(Il regarde par-dessus l'épaule[9] de François.)* Tu écris à Brigitte... Quelle Brigitte?
François:	J'ai fait sa connaissance pendant les vacances, sur le terrain de camping.
M. Martin:	Ah oui? – Voici encore trois lettres. Va au bureau de poste.

Une semaine plus tard[10], la réponse arrive:

[5] ich habe erhalten [6] deine guten Wünsche [7] bei dem Gedanken
[8] dein Aufenthalt [9] über die Schulter [10] später

Strasbourg, le 17 octobre

Cher François.

J'ai bien reçu ta gentille lettre et t'en remercie[11] beaucoup. Le 31 octobre, j'arrive à Paris pour passer les vacances de Toussaint[12] chez ma tante. Papa me conduit à la gare de Strasbourg, ma tante vient me chercher à la gare de l'Est de Paris.

Voici son adresse :
Mme Christine Forestier,
35, boulevard Balzac, Nanterre.

Papa m'a dit que ce n'est pas loin de chez toi.

Très amicalement.[13]

Brigitte

[11] und danke dir dafür [12] Allerheiligen [13] herzlichst

L'arrivée à Paris

Depuis quelques minutes, le rapide[1] de Strasbourg ralentit[2]. Brigitte ne reste plus en place. Elle se lève et met son anorak.

Brigitte *(à un monsieur):* Nous sommes bientôt à Paris, n'est-ce pas, monsieur?

Le monsieur: C'est Villemomble… On en a encore pour cinq minutes.

Brigitte regarde par la fenêtre. C'est ça, Paris? Les rues, les ponts, les usines[3]…

Brigitte est un peu émue[4].

Brigitte *(au monsieur):* On ne voit pas la Tour Eiffel par ici.

Le monsieur: Non, mademoiselle, la Tour Eiffel est de l'autre côté de Paris.

[1] Schnellzug [2] wird langsamer [3] die Fabriken [4] aufgeregt

Brigitte regarde toujours par la fenêtre: voilà les grands ensembles[5], des maisons d'habitation de 5 étages et plus; elles ne sont pas très jolies.

Le monsieur:	C'est la première fois que tu viens à Paris?
Brigitte:	Non, monsieur, mais cette fois je voyage seule[6].
Le monsieur:	Tu es une grande dame…
Brigitte:	Mon père est venu me conduire à la gare de Strasbourg, et ma tante m'attend à la gare de l'Est.

Brigitte espère que sa tante l'attend à la gare. Son père lui a dit: «Ne descends pas. Mets-toi à la fenêtre, agite ton mouchoir,[7] appelle-la.» Mais on ne peut[8] pas ouvrir les fenêtres: le wagon est climatisé. Brigitte est nerveuse…

A la gare de l'Est, tante Christine attend l'arrivée du rapide de Strasbourg. François l'accompagne. Il a téléphoné à Mme Forestier qui a accepté[9] d'aller avec lui à la gare.

[5] Wohnblöcke [6] allein [7] winke mit deinem Taschentuch [8] kann
[9] die einverstanden war

Le haut-parleur[10]: «Attention. Le rapide en provenance[11] de Colmar, Strasbourg, Nancy entre en gare sur la voie[12] 25.»

Peu après, on voit la grande locomotive qui entre lentement[13] dans la gare.

Quand le train s'arrête, François court le long du quai pour chercher Brigitte. Mme Forestier le suit[14] avec peine. Et voilà... dans le troisième wagon, il la voit, derrière la fenêtre. François crie: «Brigitte! Brigitte!»

Brigitte est très surprise de voir François. Quand tous les voyageurs ont quitté le wagon, François monte.

Brigitte:	Salut, François! C'est toi ici?
François:	Attends un moment, ta tante va venir. On va chercher ta valise. Tu as eu un bon voyage?
Brigitte:	Oh oui! Le voyage a duré plus de quatre heures... *(Elle voit sa tante.)* Eh, tante Christine... Bonjour, ma tante.
Mme Forestier:	Bonjour, Brigitte. *(Elle embrasse[15] Brigitte.)* Que tu as grandi, Brigitte...
Brigitte:	Papa et maman te disent bonjour. Merci de l'invitation.

[10] Lautsprecher [11] aus Richtung [12] Gleis [13] langsam [14] folgt ihm [15] sie küßt

Mme Forestier: De rien, Brigitte. C'est naturel. Je sais bien que tu ne vas pas t'ennuyer[16] à Paris. *(Elle sourit[17] à François.)*

Devant la gare, les taxis attendent. Le chauffeur du premier taxi met la valise de Brigitte dans le coffre[18].

Le chauffeur: C'est où que vous voulez aller?
Mme Forestier: À Nanterre, boulevard Balzac.
Le chauffeur: C'est où ça?
Mme Forestier: Au centre.

[16] langweilen [17] sie lächelt [18] Kofferraum

Le lendemain, chez Madame Forestier

Quand François arrive, à 9 heures du matin, Mme Forestier et Brigitte sont en train de prendre le petit-déjeuner.

Mme Forestier: Tu prends une tasse de café, François?
François: Oui, madame.

Mme Forestier lui verse[1] une tasse de café, ensuite elle lui présente la corbeille[2] avec les croissants.

Mme Forestier: Tu veux un croissant?
Brigitte: Les croissants de tante Christine sont délicieux[3].

François prend un croissant et un peu de beurre.

Mme Forestier: Eh bien, qu'est-ce que nous allons faire aujourd'hui? Il fait beau temps, le soleil brille,[4] on a de la chance... On fait une promenade ici à Nanterre, ou on va à Paris? Qu'en dis-tu, Brigitte?
Brigitte: Je préfère[5] aller à Paris.
Mme Forestier: A Paris? Tu ne vas pas visiter le Louvre par ce beau temps...?
François: Je propose[6] une promenade sur les Champs-Elysées. C'est ça que les provinciaux aiment quand ils viennent à Paris.
Brigitte: Ah bon, François? moi je ne sais pas...
Mme Forestier: J'ai vu dans le journal une publicité[7] des Galeries Lafayette... Brigitte, tu me donnes le journal?... Voilà! Voici la fillette avec son pullover. On va voir, aux Galeries, si quelque chose nous plaît.

[1] gießt ein [2] reicht ihm den Korb [3] köstlich, lecker [4] die Sonne scheint
[5] Ich ziehe es vor [6] ich schlage vor [7] Reklame

Le Champion
GALERIES LAFAYETTE
Contre le froid, vive le folklore, contre l'hiver, vive le jacquard, graphique, dessiné, animé. Le cardigan 100 % acrylique, en 8 ans : 85 F. La jupe folklorique, 100 % coton, en 8 ans : ★★★★★
85F
Galeries Lafayette

Brigitte: C'est une bonne idée... pour l'après-midi. Mais le matin, il faut profiter[8] du beau temps.

Mme Forestier: Alors, que proposes-tu?

Brigitte: Si tu es d'accord, montons en haut de la tour Eiffel. Aujourd'hui, le temps est beau et la vue[9] est magnifique.

François: Oui, c'est possible.

Mme Forestier: Je suis d'accord, bien sûr... Eh bien: le matin, nous allons à la tour Eiffel, et l'après-midi, aux Galeries.

Brigitte: Tu es chouette[10].

Elle embrasse sa tante.

[8] ausnutzen [9] die Aussicht [10] prima

Informations sur la Tour Eiffel

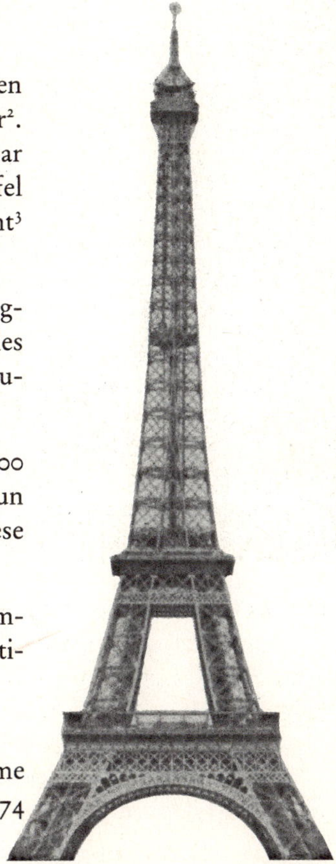

La tour Eiffel est le monument parisien le plus connu[1] dans le monde entier[2]. Elle a été construite de 1887 à 1889, par l'ingénieur français Gustave Eiffel (1832–1923). La tour est entièrement[3] métallique.

Avec ses 300 mètres, elle a été longtemps la plus haute tour du monde; les antennes de télévision ont porté sa hauteur à 320 mètres.

Le poids[4] de la tour est de 7.000 tonnes, elle est donc très légère[5]: un modèle de 30 centimètres de haut pèse 7 grammes.

Quand il y a les grands vents[6], le sommet n'oscille pas plus de[7] 12 centimètres.

Elle a trois plate-formes:
la première est à 57 mètres, la deuxième à 115 mètres et la troisième à 274 mètres.

Le visiteur qui monte au sommet peut voir jusqu'à 67 kilomètres à la ronde.

[1] das bekannteste Bauwerk [2] in der ganzen Welt [3] vollständig
[4] Gewicht [5] leicht [6] Wind [7] die Spitze schwankt nicht mehr als.

Les Galeries Lafayette

I.

Pour aller de la Tour Eiffel aux Galeries Lafayette, il y a un métro direct: Trocadéro – Chaussée d'Antin. C'est en quelques minutes que Mame Forestier et les deux enfants arrivent aux Galeries. Ils entrent dans le grand magasin[1].

Mme Forestier: Qu'est-ce qu'il faut acheter?[2] – Je vais acheter un parfum pour l'anniversaire de ta mère, Brigitte… et ensuite, on va voir les vêtements chic qui plaisent à une jeune dame. *(Elle parle à Brigitte qui sourit.)*

[1] Kaufhaus [2] Was sollen wir kaufen?

Au rez-de-chaussée[3] on vend les produits de beaute[4]: des parfums, des savons, des déodorants, des shampooings et tout pour le maquillage[5]. Il y a toutes les grandes marques: Chanel, Payot, Lancôme, Yves Saint Laurent et les autres.

Mme Forestier: Tu connais la marque que ta mère préfère, Brigitte?

Brigitte est surprise de la question, elle ne la connaît pas.
Mme Forestier s'arrête devant le stand «Chanel» et regarde les flacons.

La vendeuse: Vous désirez, madame?
Mme Forestier: Un cadeau[6] pour l'anniversaire de ma belle-sœur[7].
La vendeuse: Une eau de Cologne? Ce flacon-ci coûte 90 francs... ou peut-être préférez-vous cette eau de toilette? pour 120 francs.

[3] Erdgeschoß [4] Schönheitsmittel [5] Schminken [6] Geschenk [7] Schwägerin

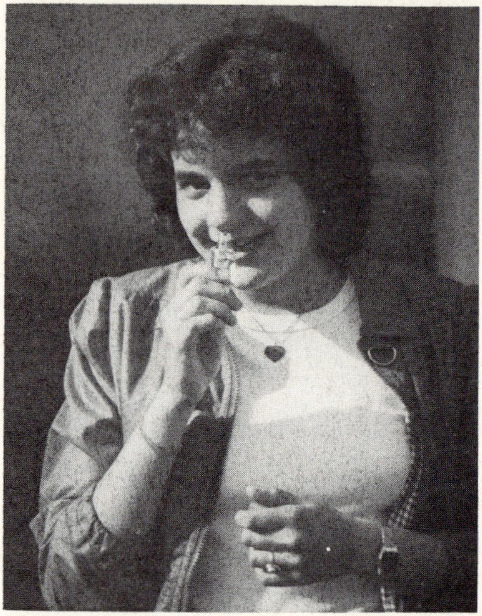

Elle prend un atomiseur et répartit[8] un peu de parfum sur le dos de la main[9] de Mme Forestier.

Brigitte s'approche[10] et respire[11] le parfum avec plaisir...

Mme Forestier:	Je préfère le parfum.
La vendeuse:	Voici un petit flacon Chanel N° 5... pour 230 francs. Vous pouvez[12] en avoir de plus grands. Regardez...

Mme Forestier regarde les jolis petits flacons et leurs prix...

Brigitte:	Pourquoi fait-on de l'eau de Cologne à Paris? Et pourquoi l'eau de Cologne est-elle moins chère que le parfum?
La vendeuse:	L'eau de Cologne contient[13] beaucoup d'alcool et peu de parfum. C'est pour ça qu'elle est moins chère.

Mme Forestier choisit un flacon à 360 francs.

[8] versprüht [9] Handrücken [10] Brigitte kommt näher [11] atmet [12] Sie können [13] enthält

Mme Forestier: Je prends ce flacon, mademoiselle. Faites-moi un joli emballage[14].

La vendeuse: C'est entendu, madame.

Elle donne le paquet à Mme Forestier et… quelle surprise! elle donne quelques échantillons[15] à Brigitte.

La vendeuse: C'est pour vous, mademoiselle. *(à Mme Forestier:)* Et avec ça? Vous désirez encore quelque chose, madame?

Mme Forestier: Non, c'est tout.

La vendeuse: Eh bien, c'est donc 360 francs.

Mme Forestier donne un billet de 500 francs, la vendeuse rend la monnaie à[16] la cliente.

Brigitte est heureuse… Elle ouvre un échantillon et respire le parfum… encore et encore. François s'approche, intéressé.

François: Je me demande pourquoi les femmes dépensent[17] tant d'argent pour quelques gouttes[18] de parfum.

Mme Forestier: Tu poses des questions, François! La femme veut[19] être belle!

François: Il faut bien se laver, c'est tout, je pense.

Mme Forestier: Mais non, ce n'est pas tout. Pour te protéger[20] contre le froid, tu peux mettre un sac de toile[21]. *(Brigitte pouffe de rire[22].)* Mais pour être beau, tu mets un joli pull-over, les belles chaussures, n'est-ce pas?… Tu ne veux pas plaire à Brigitte? *(François rougit.)*… Eh bien, allons voir les vêtements.

[14] Verpackung [15] Proben [16] gibt das Wechselgeld zurück [17] ausgeben
[18] Tropfen [19] will [20] schützen [21] Sack aus Leinen [22] lacht los

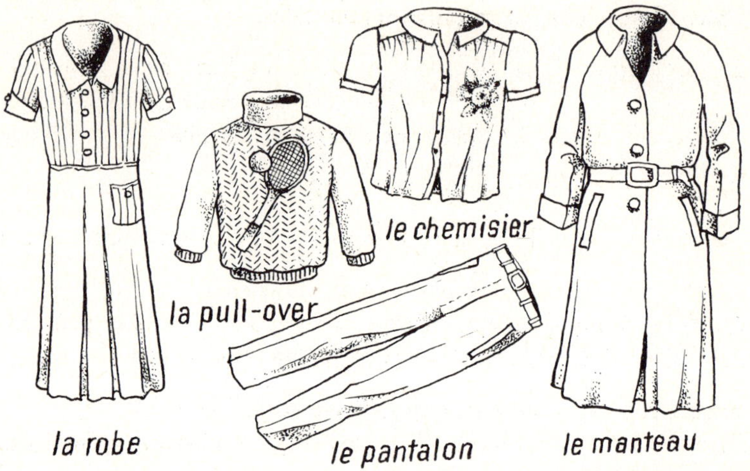

2.

Au premier étage, il y a les vêtements pour femmes: beaucoup de robes ravissantes[23], des pantalons, des manteaux élégants, des chemisiers et des tricots[24].

Mme Forestier s'intéresse aux robes, Brigitte aux tricots. On va d'abord voir les tricots. Brigitte regarde les pull-overs. Il y a toutes sortes de modèles: à col roulé[25], décolleté en V et de toutes les couleurs... Une vendeuse arrive.

La vendeuse: On vous sert, madame?
Mme Forestier: Nous désirons un pull-over pour elle.
La vendeuse *(à Brigitte):* Quelle est ta taille[26]?
Brigitte: 36, madame.
La vendeuse: Tu veux à col roulé? décolleté ovale? ou en V?
Brigitte: Décolleté en V... un pull-over qui va bien avec mon pantalon rouge.

[23] entzückend [24] Strickwaren [25] mit Rollkragen [26] Größe

La vendeuse lui montre plusieurs modèles.

La vendeuse: Le bleu ou le blanc va bien avec le rouge. *(à Mme Forestier:)* Voyez, madame, ce pull-over bleu est d'une très bonne qualité.

Brigitte regarde le pull-over.

La vendeuse: Tu essaies le pull-over?... Là-bas, cette cabine est libre[27].

Quelques minutes après, Brigitte se présente[28] avec son pull. En haut, il y a une pochette, et sur la pochette un cœur[29] en rouge.

François: Que tu es jolie dans ce pull-over...!
Brigitte: Tu crois, François? – Le pull-over, n'est-il pas un peu trop grand?
La vendeuse: Non, pas du tout, il te va très bien. Un pull-over qui serre[30] n'est pas très moderne... et pas confortable non plus.
François: Et puis, tu vas grossir encore[31].
Mme Forestier: Ce pull-over te va très bien... On l'achète? *(à la vendeuse:)* C'est combien, ce pull?
La vendeuse: 120 francs, madame.
Mme Forestier: Ce n'est pas trop cher, on le prend.
La vendeuse: Vous payez à la caisse, madame.
Mme Forestier *(à Brigitte):* Je te donne le pull-over comme souvenir de ton séjour à Paris.

Brigitte, heureuse, embrasse sa tante. – Ensuite on va voir les robes...

[27] frei [28] stellt sich vor [29] Herz [30] der drückt
[31] du wirst noch dicker werden

Au café

Après trois heures aux Galeries Lafayette, Mme Forestier, Brigitte et François sont fatigués[1]. Brigitte voit un petit café au coin de la rue.

Brigitte:	Voilà un café. On peut se reposer un peu.
Mme Forestier:	Bonne idée, Brigitte. Je ne sens plus mes jambes[2].

Le petit café est plein de monde[3]. Enfin, François trouve trois chaises libres à une table où il y a un monsieur.

François:	Pardon, monsieur, ces trois chaises sont-elles libres?
Le monsieur:	Oui, oui, prenez place…
	(Au garçon:) Et mon café? Ça fait un quart d'heure que j'attends!
Le garçon:	J'arrive, monsieur.

[1] erschöpft [2] meine Beine [3] voller Leute

Le monsieur: Apportez-moi aussi un paquet de cigarettes: des Gauloises, s'il vous plaît.

Le garçon: Avec ou sans filtre, monsieur?

Le monsieur: Avec filtre.

Mme Forestier, Brigitte et François prennent place.

Mme Forestier: Qu'est-ce que tu prends, Brigitte? Un jus[4] d'orange, une limonade, un coca-cola...?

Brigitte: Un jus d'orange.

Mme Forestier: Et toi, François?

François: Moi aussi, je prends un jus d'orange.

A ce moment, le garçon apporte le café et les cigarettes.

Le garçon: Voilà, monsieur, votre café et vos cigarettes. *(à Mme Forestier:)* Et vous, vous désirez, Madame?

Mme Forestier: Un café et deux jus d'orange, s'il vous plaît... Vous avez des sandwichs?

Le garçon: Bien sûr, madame. Que voulez-vous? jambon, pâté[5], fromage?

Mme Forestier: Deux sandwichs au jambon... ça vous convient[6], Brigitte, François?

Les deux sont d'accord.

Le monsieur met du sucre dans son café qu'il boit très vite: il est pressé[7]. Il allume une cigarette, jette[8] quelques francs sur la table... et s'en va.

Brigitte: Le monsieur a laissé de l'argent sur la table.

Mme Forestier: C'est le prix de son café et de ses cigarettes...

Brigitte: Et si quelqu'un prend l'argent?

Mme Forestier: Cela ne se fait pas.

[4] Saft [5] Pastete, Leberwurst [6] mögt ihr das? [7] er hat es eilig [8] wirft

À ce moment, le garçon arrive. Il apporte une tasse de café pour Mme Forestier et les jus d'orange pour les enfants.

Le garçon: C'est pour vous, le café, madame?
Mme Forestier: Oui, c'est ça.

Ensuite, le garçon met une assiette[9] avec deux sandwichs sur la table. Il prend l'argent que le monsieur a laissé sur la table.

Mme Forestier commence à boire son café, Brigitte et François mangent les sandwichs. François regarde les voitures et les passants. Brigitte tire son pull-over neuf du sac[10] et le regarde.

Brigitte: Ce pull... est-il vraiment[11] beau? Qu'en dis-tu, tante Christine?
Mme Forestier: Oui, bien sûr, Brigitte, très beau.

Tout à coup, François pousse Brigitte.

François: Regarde, Brigitte, la jeune fille là-bas, elle porte le même pull-over.

Brigitte est surprise...

Mme Forestier: Tu vois, Brigitte. Quand une Parisienne porte ce pull-over, c'est qu'il est vraiment beau.

Il est temps de partir.

Mme Forestier: Garçon, l'addition, s'il vous plaît!

Le garçon arrive, quelques minutes après.

Le garçon: Vous voulez payer, madame? Un café, deux jus d'orange, deux sandwichs... ça fait 46 francs.

Mme Forestier lui donne 50 francs. (Les quatre francs sont pour le pourboire[12].)

Brigitte: Mais, c'est très, très cher...
Mme Forestier: Que veux-tu, Brigitte. La vie est chère à Paris.

[9]Teller [10]zieht aus der Tasche [11]wirklich [12]Trinkgeld

Le marché aux puces[1]

Deux jours plus tard, Mme Forestier, Brigitte et François déjeunent au restaurant.

François: A propos, Brigitte, tu sais qu'il y a un marché aux puces à Paris?

Brigitte: Un marché aux puces...? Qu'est-ce que c'est? On y vend des puces?

François: On y vend n'importe quoi[2], de vieux vêtements, de vieilles chaussures, des objets d'art[3], des meubles, de vieux disques... enfin de tout.

Brigitte: C'est intéressant. On y va?

François: Le marché aux puces est ouvert samedi, dimanche et lundi. Aujourd'hui c'est lundi, donc c'est possible.

Mme Forestier est d'accord.

Le marché aux puces est au nord de Paris. Quand les trois arrivent à la station de métro «Porte de Clignancourt», il y a beaucoup de

[1] Flohmarkt [2] alles mögliche [3] Kunstgegenstände

monde: des Parisiens, des touristes. Tout de suite, de l'autre côté du boulevard Ornano, il y a des boutiques et des stands, en grand nombre… et des gens qui regardent, discutent, achètent.

Mme Forestier: Restons ensemble. Sinon[4] on ne se retrouve plus dans cette foule[5].

Brigitte s'arrête devant un stand où il y a des pull-overs.

Le marchand: Regardez, mademoiselle, des pull-overs norvégiens. On n'en trouve pas à Paris. Quelle est votre taille?

Brigitte: 36.

Le marchand lui montre un pull-over de sa taille. Brigitte le regarde… et voit des trous[6].

François: Ce ne sont pas les puces qui ont mangé le pull-over, mais les mites[7]. Viens Brigitte, tu as acheté un très beau pull-over aux Galeries.

Un peu plus loin, François voit un stand où l'on vend de vieilles armes[8]: des épées, des fusils[9], des pistolets. Il prend un vieux pistolet et fait voler la poussière[10]. Qu'il est beau, ce pistolet… s'il n'est pas trop cher… François regarde le pistolet de près et lit: «Made in Hongkong». Alors il comprend: c'est une imitation[11].

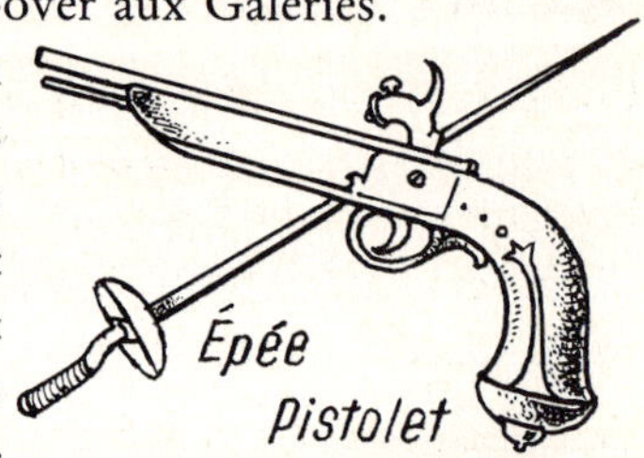

Mme Forestier voit un marchand qui vend des fauteuils. Elle s'arrête et regarde: ce fauteuil manque[12] dans son salon.

[4]andernfalls [5]Menschenmenge [6]Löcher [7]Motten [8]Waffen [9]Gewehre [10]und läßt den Staub fliegen [11]Nachahmung [12]fehlt

Le marchand: Ce fauteuil vous intéresse, madame?
Mme Forestier: Peut-être... quel est le prix?
Le marchand: C'est un fauteuil style Louis XV. Regardez la belle tapisserie. C'est un fauteuil du château de Versailles.
Mme Forestier: Et son prix...?
Le marchand: C'est une occasion unique...[13]

François, qui commence à s'ennuyer, voit un stand où l'on vend des disques. Il y va avec Brigitte.

Il y a beaucoup de disques. François commence à fouiller[14]: musique classique, chansons, musique de danse, Beethoven, Mozart, Maurice Chevalier, Édith Piaf... il y a de tout. François se passionne[15]. Enfin il trouve un des premiers disques de Michel Polnareff.

François *(au marchand:)* C'est combien, ce disque?
Le marchand: 30 francs.
François: C'est trop cher. Je n'ai pas tant d'argent.
Le marchand: Eh bien, jeune homme, je te laisse le disque pour 25 francs.

François se met à réfléchir. Il a 25 francs sur lui: c'est tout son argent de poche. Peut-il dépenser tout son argent pour le disque...? Il se décide[16] enfin... et l'achète!

Après cela, François et Brigitte reviennent au stand où Mme Forestier a voulu acheter[17] le fauteuil... mais elle n'est plus là. Où est-elle? François demande au marchand dans quelle direction Mme Forestier est allée... Brigitte et François vont dans cette direction. Ils courent ici et là... Mme Forestier reste introuvable[18].

[13] eine einmalige Gelegenheit [14] wühlen [15] begeistert sich [16] er entschließt sich [17] hat kaufen wollen [18] unauffindbar

François: Quelle affaire! Nous avons perdu ta tante...
Brigitte: Que faire alors? On rentre tous seuls?
François: Tu as de l'argent?
Brigitte: Moi? Non!
François: Moi non plus. J'ai dépensé tout mon argent pour le disque.
Brigitte: On rentre à pied?
François: Impossible![19] c'est beaucoup trop loin!
Brigitte: Revends ton disque au marchand.

François va au marchand de disques.

Le marchand: Jeune homme, je vends des disques, je n'en achète pas!

Brigitte est désolée[20].

Brigitte: On va voler[21] de l'argent, on va mendier[22]...?
François: Ne dis pas de bêtises[23], Brigitte.

Brigitte commence à pleurer[24].

François: J'ai une idée: On est arrivé par le métro. Bien sûr, ta tante rentre par le métro. Allons à la station, nous y retrouverons peut-être la tante.
Brigitte: Eh bien, allons-y.

François et Brigitte se dépêchent. Brigitte prend la main de François: elle ne veut pas le perdre[25]. Ils arrivent à la station de métro. Ils attendent 10 minutes, 20 minutes, une demi-heure et plus... Enfin, ils voient arriver la tante.

Imaginez-vous[26] combien tante Christine a été heureuse de retrouver Brigitte et François!

[19] unmöglich [20] verzweifelt [21] stehlen [22] betteln [23] Dummheiten
[24] weinen [25] verlieren [26] Stellt euch vor.

Avez-vous bien compris les textes?

Correspondance amicale (page 3–5)

Est-ce juste?	Juste	Faux
1. Brigitte a écrit la première lettre.	⊗	○
2. Brigitte vient à Paris.	⊗	○
3. François a fait la connaissance de Brigitte pendant les vacances.	⊗	○
4. La réponse de Brigitte arrive deux semaines plus tard. *une semaine*	○	⊗
5. Mme Forestier est la tante de François.	○	⊗

Répondez.

1. Qui a écrit la première lettre? – 2. Que veut Brigitte? – 3. Qu'est-ce que François répond? – 4. Qui arrive quand François a écrit la lettre? – 5. Que veut M. Martin? – 6. Qui est Brigitte? – 7. Brigitte est-elle heureuse de la réponse de François? – 8. Qu'est-ce qu'elle écrit une semaine plus tard? – 9. Chez qui reste-t-elle à Paris?

L'arrivée à Paris (page 6–9)

Est-ce juste?	Juste	Faux
1. Brigitte est dans le train; elle regarde par la fenêtre; elle voit la Tour Eiffel.	○	⊗
2. Brigitte vient pour la première fois à Paris.	○	⊗
3. La tante de Brigitte est à la gare de Paris.	⊗	○
4. François voit Brigitte dans le troisième wagon.	⊗	○
5. Devant la gare se trouve la voiture de Mme Forestier.	○	⊗

Répondez.

1. Brigitte regarde par la fenêtre du train. Qu'est-ce qu'elle voit? – 2. Pourquoi ne voit-elle pas la Tour Eiffel? – 3. Le monsieur dit à Brigitte: «C'est la première fois que tu viens à Paris?» Pourquoi pose-t-il cette question? – 4. Qu'est-ce que le père de Brigitte a dit? – 5. Qui est à la gare de Paris? – 6. Que fait François quand le train s'est arrêté? – 7. Où sont les taxis?

Le lendemain, chez Madame Forestier (page 10–12)

Est-ce juste?	Juste	Faux
1. François prend une tasse de café et un croissant.	○	○
2. Il fait beau temps.	○	○
3. Brigitte propose une promenade sur les Champs-Elysées.	○	○
4. L'après-midi on va aux Galeries Lafayette.	○	○
5. On ne monte pas en haut de la tour Eiffel.	○	○

Répondez.

1. Que font Mme Forestier et Brigitte quand François arrive? – 2. Qu'est-ce que François boit et mange chez Mme Forestier? – 3. Qu'est-ce que Mme Forestier propose? – 4. Qu'est-ce que François propose? – 5. Qu'est-ce que Brigitte propose? – 6. Que fait-on le matin et l'après-midi.

Informations sur la Tour Eiffel (page 13)

Est-ce juste?	Juste	Faux
1. La Tour Eiffel a été construite en 1923.	○	○
2. La hauteur de la Tour Eiffel est 320 mètres.	○	○
3. La Tour Eiffel pèse 7.000 tonnes.	○	○
4. Quand le vent souffle très fort, la tour oscille beaucoup.	○	○
5. La Tour Eiffel a trois plate-formes.	○	○
6. De la troisième plate-forme on peut voir jusqu'à 67 kilomètres à la ronde.	○	○

Les Galeries Lafayette (page 14–19)

1.

Est-ce juste?	Juste	Faux
1. Mme Forestier achète un cadeau pour la mère de Brigitte.	○	○
2. Elle achète une eau de Cologne.	○	○
3. Elle paie 500 francs. 360	○	○
4. Brigitte aime le parfum.	○	○
5. François veut plaire à Brigitte.	○	○

Répondez.

1. Mme Forestier et les enfants vont très vite de la Tour Eiffel aux Galeries Lafayette, comment? – 2. Qu'est-ce qu'ils veulent acheter aux Galeries? – 3. Qu'est-ce qu'on vend au rez-de-chaussée? – 4. Qu'est-ce que la vendeuse du stand Chanel propose à Mme Forestier? – 5. Pourquoi l'eau de Cologne est-elle moins chère que le parfum? – 6. Qu'est-ce que la vendeuse donne à Brigitte? –

7. Que répond Mme Forestier quand François dit: «Je me demande pourquoi les femmes dépensent tant d'argent pour quelques gouttes de parfum.»

2.

Est-ce juste?	Juste	Faux
1. Au premier étage il y des vêtements pour femmes.	☒	○
2. On achète un pull-over bleu pour Brigitte.	☒	○
3. François aime le pull-over.	☒	○
4. Le pull-over est très cher.	○	☒
5. Mme Forestier achète un autre pull-over pour François.	○	☒

Répondez.

1. Qu'est-ce qu'on vend au premier étage? – 2. Quels pull-overs y a-t-il? – 3. Quel pull-over Mme Forestier achète-t-elle pour Brigitte? – 4. Comment François trouve-t-il le pull-over? – 5. Pourquoi Brigitte embrasse-t-elle sa tante?

Au café (page 20–22)

Est-ce juste?	Juste	Faux
1. Mme Forestier et les enfants vont au café parce qu'ils sont fatigués.	○	○
2. Mme Forestier et les enfants sont seuls à une table.	○	○
3. Mme Forestier mange un sandwich.	○	○
4. Mme Forestier donne 46 francs au garçon.	○	○
5. La vie est chère à Paris.	○	○

Répondez.

1. Pourquoi Mme Forestier, Brigitte et François vont-ils au café? – 2. Qu'est-ce que le garçon apporte au monsieur. – 3. Qu'est-ce que le garçon apporte à Mme Forestier? – 4. Le pull-over de Brigitte est-il vraiment beau? Que dit Mme Forestier? – 5. Combien de francs est-ce que Mme Forestier paie?

Le marché aux puces (page 23–26)

Est-ce juste?	Juste	Faux
1. Pour aller au marché aux puces, on prend le métro jusqu'à la «Porte de Clignancourt».	○	○
2. Au marché aux puces il y a beaucoup de monde.	○	○
3. Brigitte a acheté un vieux pull-over.	○	○
4. François a acheté un vieux disque.	○	○
5. Mme Forestier a attendu Brigitte et François à la station de métro.	○	○

Répondez.

1. Quelle idée François a-t-il au restaurant? – 2. Qu'est-ce qu'on vend au marché aux puces? – 3. Où est le marché aux puces à Paris? – 4. Pourquoi Brigitte n'achète-t-elle pas le pull-over norvégien? – 5. Pourquoi François n'achète-t-il pas le pistolet? – 6. Qu'est-ce que Mme Forestier veut acheter? – 7. Qu'est-ce que François achète? – 8. Qui est ensuite introuvable? – 9. Quelles idées ont alors François et Brigitte? Que font-ils enfin? – 10. Où retrouvent-ils la tante? et quand?

987 654 321